AF341704

PETIT MANUEL

INDISPENSABLE

DU

GARDE NATIONAL

comprenant :

Infanterie, Cavalerie, Génie, Artillerie, etc.

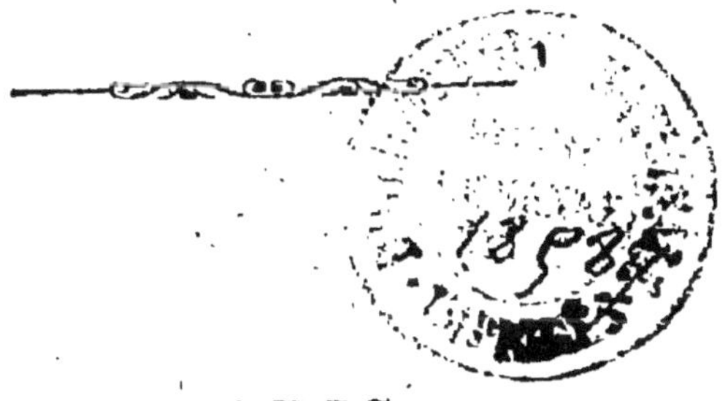

PARIS

CHEZ G. GUÉRIN, LIBRAIRE
7, passage Jouffroy.
STRAUSS, RUE DU CROISSANT

1870

Maintenant que la Garde nationale forme une véritable armée et est appelée à rendre d'immenses services, nous avons cru entreprendre une œuvre utile en publiant un Petit Manuel *spécial dont le but est de résumer les divers services de place, les extraits de lois, décrets, renseignements divers ; en un mot les éléments d'instruction militaire que tout garde national nè saurait ignorer sans qu'il en résulte un préjudice grave pour lui-même et pour la défense nationale.*

Heureux si notre livre est bien accueilli du public et si nous pouvons contribuer pour notre part à répandre des connaissances devenues indispensables.

S. COSTE.

Paris, décembre 1870.

PETIT MANUEL

DU

GARDE NATIONAL

SERVICE DU CHEF DE POSTE

Le premier devoir d'un chef de poste est de faire numéroter les hommes de la droite à la gauche et ensuite désigner par la gauche ceux qui doivent faire les corvées du poste, soit pour aller chercher le bois, la chandelle ou l'eau nécessaire, etc.; de prendre connaissance des consignes affichées dans le corps de garde, et de donner aux sergents et aux caporaux les explications nécessaires pour leur exécution.

Dès que la garde est établie, il va visiter les sentinelles, accompagné par le caporal de *pose*, se fait répéter leur consigne et la rectifie s'il y a lieu. Lorsqu'un sergent, chef de poste, n'a qu'un caporal avec lui, ce dernier ne l'accompagne pas.

De retour au poste, il règle tous les services et en assure la répartition de manière que tous les sous-officiers, caporaux et soldats y entrent, autant que possible, pour une part égale.

Un chef de poste ne peut s'absenter sous aucun prétexte ; il prend ses repas au poste, il lui est défendu de jouer ou de laisser jouer. Il ne peut offrir à manger ou à boire à qui que ce soit.

Les sous-officiers, les caporaux, les soldats et les tambours ne peuvent se déshabiller, ni quitter leur sabre ou leur giberne.

Aucun chef de poste ne peut faire distribuer de cartouches aux gardes nationaux placés sous son commandement, si ce n'est en vertu d'ordre précis ou en cas d'attaque de vive force.

La conservation des armes et des munitions doit être l'objet de l'attention continuelle des capitaines ; ils veillent à ce que chaque soldat ait constamment son nécessaire d'armes.

RÉQUISITIONS

Les chefs de poste ne doivent pas perdre de vue que la force armée est essentiellement protectrice de l'ordre public, des personnes et de la propriété. En conséquence, ils prêtent main-forte pour l'arrestation des individus signalés comme délinquants et des perturbateurs de l'ordre, lorsqu'ils en sont requis par les officiers de police, leurs agents, ou même par les particuliers.

Dans aucun cas, ils ne marchent eux-mêmes et ne dégarnissent leur poste de plus de la moitié de sa force.

Ils doivent protéger toute personne dont la sûreté est menacée. Ils font arrêter les individus poursuivis par la clameur publique ou surpris en flagrant délit.

Ils reçoivent tout individu qui est amené à leur poste par les agents de police. Ces agents doivent faire connaître le caractère public dont ils sont revêtus. Ils écrivent et signent leur réquisition sur le registre du poste.

La garde nationale doit fournir des détachements : — 1º En cas d'insuffisance de la gendarmerie et de la troupe de ligne, pour escorter d'une ville à l'autre les convois de poudre, de fonds ou d'effets appartenant à l'Etat, et pour la conduite des accusés, des condamnés et autres prisonniers.

ARRESTATIONS

Toutes les fois que les chefs de poste ont été dans le cas de faire procéder à une arrestation sur l'avertissement ou la plainte d'un tiers, sans l'intervention d'un officier de police, ils prennent, dans l'intérêt de leur responsabilité, les noms, professions et demeures des plaignants, et en font mention dans leur rapport.

Si un inconnu n'offrant pas garantie suffisante, réclamait l'assistance de la garde pour faire arrêter une autre personne en raison d'un dommage ou d'un délit qui ne serait pas apparent et bien constaté, le chef de poste les ferait conduire l'un et l'autre devant le commissaire de police.

Tous les individus arrêtés sont conduits 1° les gardes nationaux sédentaires aux commandants de secteur auxquels ils appartiennent ; 2° les militaires ou gardes mobiles à l'état-major de la place, 7, place Vendôme ; 3° les corps-francs, aux états-majors des corps auxquels ils appartiennent ; 4° les civils à la Préfecture de police ou devant le commissaire de police, auquel le chef de poste fait connaître par écrit les motifs et toutes les circonstances des arrestations.

Si des individus arrêtés pendant la nuit ne peuvent être immédiatement conduits à l'état-major de la place ou devant le commissaire de police, ils sont déposés au violon du poste et ne peuvent communiquer avec qui que ce soit. Ils sont particulièrement surveillés.

Les militaires et autres qui ont été arrêtés en état d'ivresse ne doivent être conduits à l'état-major de la place ou devant le commissaire de police que lorsque leur ivresse a cessé.

Quand des rassemblements se sont formés à l'occasion d'une arrestation et que, d'après les dispositions de la foule, le chef de poste juge que les personnes arrêtées ne peuvent être conduites avec sûreté par la force à ses ordres, il les fait garder au poste et informe l'état-major de la place.

Le chef de poste ne laisse communiquer avec qui que ce soit les déserteurs étrangers ; il les fait conduire au chef de la garde de la porte, qui les envoie sous escorte à l'état-major de la place.

RIXES

Le chef de poste envoie un sous-officier ou un caporal avec le nombre d'hommes nécessaire pour faire cesser et arrêter, s'il y a lieu, les perturbateurs.

Cette troupe peut pénétrer dans l'établissement, les désordres dont il s'agit continuant, sans être assistée d'un commissaire ou officier de police (loi du 22 juillet 1791). Mais si, à l'arrivée de la garde, l'ordre est rétabli, elle n'entre pas.

Si ces désordres se produisent dans une maison particulière, le chef de poste envoie également un détachement; mais il ne peut y entrer sans la réquisition du propriétaire ou sans l'assistance d'un commissaire de police, à moins que les cris : *au feu! à l'assassin! au secours!* ne se fassent entendre.

ESCORTE DES PRISONNIERS

L'escorte se compose toujours d'un nombre de soldats double du nombre des individus à conduire. Une escorte de deux à huit soldats est commandée par un caporal ; au-dessus de ce nombre, elle est commandée par un sergent auquel le caporal est adjoint ; elle est toujours en armes.

Le commandant de la garde ou du piquet, hors le cas d'empêchement absolu, assiste de sa personne à l'extraction des prisonniers et à leur remise à l'escorte. Il rappelle à son chef, qu'aux termes de la loi, il demeure responsable de leur évasion, et qu'il peut, pour ce fait, être traduit devant un conseil de guerre.

CAS D'ÉVASION

En cas d'évasion, les chefs de poste ou d'escorte, indépendamment de la responsabilité et de la punition qu'ils encourent, sont tenus de faire immédiatement leur rapport, en spécifiant toutes les circonstances qui se rattachent à l'évasion.

CAS D'ALARME

En cas d'alarme, les chefs de poste tiennent leur troupe sous les armes ; ils ne laissent jamais de rassemblement ou d'attroupement se former dans les environs du corps de garde ; si, les rassemblements persistant, les chefs de poste constatent des symptômes de troubles sérieux, ils font charger les armes, préviennent les sentinelles d'être alertés, et précisent les circonstances dans lesquelles elles doivent se replier sur le poste.

L'état-major de la place, le commissaire de police et les postes voisins sont immédiatement avertis, si les communications le permettent.

CAS D'ATTAQUE

En cas d'attaque, le commandant de

la garde défend énergiquement son poste par tous les moyens en son pouvoir et jusqu'à la dernière extrémité, en se conformant d'ailleurs, pour cette défense, aux dispositions écrites que le commandant de place a arrêtées pour chaque poste en vue d'événements de ce genre. Ces dispositions font connaître les postes qui, n'ayant à remplir qu'un objet de police urbaine, doivent se replier sur d'autres, suivant des règles déterminées, et les postes qui, destinés au contraire à servir de points d'appui aux troupes de la garnison, doivent être défendus à outrance.

CAS D'INCENDIE

En cas d'incendie, le chef de poste fait prendre les armes et avertir le poste des sapeurs-pompiers ; il détache un caporal et deux soldats pour reconnaître si l'incendie peut avoir des suites graves. S'il paraît tel au caporal, celui-ci informe immédiatement le chef de poste, qui envoie sur les lieux le nombre d'hommes armés dont il peut disposer sans trop s'affaiblir pour empêcher le désordre et faciliter les premiers secours.

Il avertit sans délai l'état-major de la place.

A l'arrivée des troupes de la garnison, les hommes de garde retournent au poste.

TROUPES ENTRANT DANS LA PLACE

Le chef de poste fait reconnaître par un sergent ou un caporal, qui se conforme aux règles suivantes, les troupes qui se présentent pour entrer dans la place.

Il se porte avec quatre hommes, deux au moins, à trente pas au delà de la sentinelle la plus avancée et leur fait apprêter les armes. Si la troupe n'a déjà été arrêtée par la sentinelle, il lui crie: *Halte là !* dès qu'elle est à portée de l'entendre.

Lorsqu'elle est arrêtée, il lui crie: *Qui vive?* et quand il lui a été répondu: *France!* il crie: *Quel corps?* La troupe s'étant fait reconnaître, il l'informe qu'elle peut pénétrer dans la place, par l'avertissement: *Entrez quand il vous plaira.*

A L'EXERCICE

Le devoir de tout garde est de conserver le plus grand silence pendant les manœuvres, afin d'être attentif aux commandements de l'instructeur.

DEVOIRS DES SENTINELLES

Les sentinelles ont toujours la baïonnette au canon ; elles peuvent mettre l'arme au bras, porter l'arme à volonté ou avoir l'arme au pied ; elles ne doivent jamais la quitter, même dans la guérite ; lorsqu'elles sont dans le cas de se mettre en défense, elles croisent la baïonnette.

Elles doivent toujours garder une attitude militaire. Il leur est défendu de s'asseoir, de lire, de siffler, chanter ou fumer, de parler à qui que ce soit sans nécessité et de s'écarter de leur guérite à plus de trente pas. Elles ne souffrent pas qu'il soit fait des ordures ou des dégradations aux environs de leur poste.

Elles ne se laissent relever que par les caporaux du poste ; elles ne répètent leur consigne ou n'en reçoivent de nouvelles qu'en présence du chef de poste, du sergent ou des caporaux.

Elles sont constamment attentives et observent, du plus loin qu'elles peuvent, tout ce qui se passe en vue de leur poste ; à cet effet, elles ne restent dans leur guérite que pendant le mauvais temps. Elles en sortent toutes les fois qu'elles voient venir un officier général, le commandant de place, le major de place, l'officier de visite des postes, une troupe quelle qu'elle soit, des autorités en corps, ou lorsqu'elles entendent du bruit.

Si, pendant la nuit, les mauvais temps les a forcées de se retirer dans leur guérite, elles en sortent lorsqu'elles entendent qui que ce soit autour d'elles.

ALERTES DES SENTINELLES

Les sentinelles ont trois alertes : le feu, le bruit, les honneurs.

Une sentinelle, lorsqu'elle aperçoit un incendie,

Crie : AU FEU !

Une sentinelle lorsqu'elle entend du bruit, voit commettre un délit ou du désordre, lorsqu'un individu est poursuivi par la clameur publique,

Crie : A LA GARDE !

Ces cris sont répétés de sentinelle en sentinelle jusqu'au corps de garde; le chef du poste envoie le sergent ou un caporal avec plusieurs soldats pour arrêter ceux qui troublent l'ordre.

Pour rendre les honneurs, les sentinelles s'arrêtent, font face en tête et portent ou présentent les armes lorsque le cortège ou la personne à qui ces honneurs sont dus est arrivée à cinq pas d'elles. Elles restent en position jusqu'à ce qu'elles aient été dépassées de cinq pas.

SENTINELLES DEVANT LES ARMES

Les sentinelles placées devant les armes crient : *Aux armes!* lorsqu'elles entendent battre la générale, ou lorsqu'elles aperçoivent une troupe armée, un officier général, le commandant de place, l'officier de visite des postes, toute personne ou tout corps constitué pour lequel la garde doit prendre les armes.

Si la garde doit sortir sans armes, elles crient : *Hors la garde!*

La garde sort sans armes, et se forme comme à l'ordinaire.

S'il arrive qu'une sentinelle ait besoin de se faire relever,

Elle crie : *Caporal, venez relever!*

Si un individu dont la sûreté est menacée se réfugie auprès d'une sentinelle,

Elle doit lui donner protection, sans quitter son poste.

SENTINELLES PENDANT LA NUIT

Pendant la nuit, et particulièrement

en cas d'alarme, de trouble ou d'attaque, les sentinelles ne se laissent pas
approcher.

A partir des heures fixées par les
ordres de la place, elles crient : *Qui
vive?* d'une voix forte, après avoir
apprêté l'arme, à toutes personnes qui
viennent à passer ; et lorsqu'il leur a
été répondu, elles crient : *Au large!*
pour les faire passer du côté opposé à
celui qu'elles occupent.

Dans Paris assiégé, la sentinelle au
lieu de crier : *Qui vive?* doit crier :
Halte-là! Qui vive?

Une sentinelle, lorsqu'après avoir
crié trois fois : *Qui vive?* on continue
à s'avancer sans lui répondre,

Crie : *Halte-là!* Si on ne s'arrête
pas, elle croise la baïonnette et empê-
che de passer.

Si elle a son arme chargée, aussitôt
après avoir crié : *Halte-là!* elle avertit qu'elle va tirer. Si malgré cet avertissement, on continue à s'avancer,
elle fait feu et appelle la garde.

SENTINELLES
DEVANT LES MAGASINS, ETC.

Les sentinelles placées devant les
magasins à poudre, à fourrages, ou

devant des établissements publics dont la garde comporte une surveillance particulière, reçoivent toujours des consignes spéciales détaillées. Il en est de même des sentinelles placées sur le rempart ou sur un autre point de la fortification. Elles empêchent de monter sur les parapets, talus, banquettes, etc., et veillent à ce qu'il n'y soit fait aucune dégradation; elles ne laissent entrer dans les ouvrages ou passser sur les glacis que les officiers ou agents militaires que leur service y appelle et les personnes munies de permissions écrites visées par le commandant de place.

Les sentinelles placées sur le terre-plein du rempart rendent les honneurs en faisant face à la personne qui passe; celles qui sont sur le parapet ou placées à l'extérieur, font face à la campagne.

SENTINELLES AUX PORTES

Les sentinelles aux portes et aux barrières veillent à ce que les voitures n'encombrent jamais le passage. Avant de laisser entrer une voiture, la sentinelle de la barrière crie : *Arrête là-bas!* avis qui est répété de sentinelle en sentinelle jusqu'à celle de la porte de la

place. Cette dernière sentinelle empê-
che alors toute voiture de sortir; et, s'il
n'y en a pas entre les portes, elle crie :
Marche, avis qui est répété de sentinelle en sentinelle jusqu'à celle de
l'avancée, qui fait alors défiler les voitures. Pendant que les voitures du
dehors entrent, la sentinelle de la porte
fait ranger celles qui se présentent
pour sortir, de manière qu'elles n'em-
barrassent pas le passage. Lorsque toutes les voitures arrivant sont entrées,
la sentinelle de la porte crie à son tour :
Arrête. Cet avis transmis à la sentinelle de l'avancée, celle-ci répond :
Marche. Alors la sentinelle de la porte
fait mettre en marche les voitures qui
veulent sortir avec les précautions qui
ont été indiquées ci-dessus.

Lorsqu'une voiture se casse sur un
pont, la sentinelle la fait ranger de
côté et en avertit le chef du poste ; si
la voiture est cassée de manière à obs-
truer la voie, le chef du poste fait inter-
dire la circulation jusqu'à ce que le passage soit débarrassé. Lorsqu'une voiture
occasionne une dégradation à un pont
ou à une porte, la sentinelle l'arrête,
la fait ranger de côté et prévient le chef
du poste.

Les sentinelles empêchent de trotter
ou de galoper sur les ponts.

SENTINELLES A L'AVANCÉE

Dès que la sentinelle de l'avancée découvre une troupe, elle crie : *Aux armes !* Si, avant d'avoir été reconnue, la troupe s'approche, elle lui crie : *Halte-là !* Si, après que ce cri a été répété trois fois, la troupe continue à s'avancer, la sentinelle se retire derrière la barrière et la ferme, après avoir averti le chef du poste.

INSULTE ENVERS UNE SENTINELLE

Tout militaire, quel que soit son grade, ou tout autre individu, qui insulte ou frappe une sentinelle, doit être arrêté sur-le-champ et conduit au commandant de place.

MOT

Le *mot* se compose du mot d'*ordre* et du mot de *ralliement*.

Il est donné par le commandant de place, qui l'a reçu, par la voie hiérarchique, du général commandant la division et donné au factionnaire par le caporal de pose.

Quand le mot d'ordre se perd à un avant-poste, ou qu'une désertion donne à craindre qu'il ne soit livré à l'ennemi, le commandant s'empresse d'en donner un autre; il avertit sur-le-champ les corps et les postes voisins, ainsi que les généraux.

RONDES ET DIFFÉRENTES ESPÈCES DE RONDES

Il y a quatre espèces de rondes :
1° Ronde simple ;
2° Ronde-major ;
3° Ronde du commandant de place ;
4° Ronde d'officier général.

Les *rondes simples* sont faites par les capitaines, les lieutenants, les sous-lieutenants ou les sous-officiers.

La *ronde-major* est faite par le major de la place ou un officier supérieur.

Lorsque la sentinelle placée devant les armés a crié : *Qui vive ?* et qu'il lui a été répondu : *Ronde d'officier* ou *Ronde de sous-officier*, elle crie : *Halte-là ! caporal, ronde d'officier* ou *ronde de sous-officier*. Un caporal de la garde sort, accompagné de deux hommes armés et d'un troisième portant le falot; il se porte à 15 pas en avant, plaçant son escorte comme il est prescrit pour reconnaître une patrouille, et crie : *Qui vive?* La ronde ayant répondu, il crie : *Avance à l'ordre !* et croise la baïonnette. L'officier ou le sous-officier de ronde lui donne le mot d'ordre.

Toutes les fois qu'une ronde se fait reconnaître par un poste, elle donne le mot d'ordre, quelle que soit son espèce, et reçoit le mot de ralliement.

Le caporal lui rend le mot de ralliement et se met en bataille avec son escorte pour la laisser passer; la sentinelle porte les armes. Si le mot d'ordre n'est pas celui donné par la place, le caporal conduit l'officier ou le sous-officier au chef du poste qui l'examine et le fait arrêter s'il y a lieu.

On reconnaît une *ronde* :

Lorsque la sentinelle placée devant les armes a crié : *Qui vive?* et qu'il lui a été répondu : *Ronde-major!* elle crie: *Halte-là! Aux armes! Ronde-major!* La garde prend les armes sur-le-champ; le chef de poste, après l'avoir formée et lui avoir fait porter les armes, se porte à quinze pas en avant, accompagné par un soldat portant le falot, et suivi par un caporal et deux hommes armés, qui se tiennent à quatre pas derrière lui, les armes apprêtées et qui, la ronde reconnue, vont reprendre leur rang.

Le chef de poste crie de nouveau: *Qui vive?* Sur la réponse : *Ronde-major!* il crie : *Avance à l'ordre !* Le major ou officier supérieur de ronde s'avance seul et donne le mot d'ordre; le chef du poste lui rend le mot de ralliement et lui présente la garde et lui fait son rapport. La sentinelle porte les armes.

La ronde du commandant de place et celles des officiers généraux s'annoncent : *Ronde du commandant de place ou ronde d'officier général*. Elles sont reconnues et reçues de la même manière que la ronde-major ; la garde est au port d'armes, ainsi que la sentinelle.

Toutes les fois qu'une garde sort la nuit pour reconnaître une ronde, elle porte les armes ainsi que la sentinelle, quelle que soit l'espèce de ronde, non à titre d'honneur, car il est de principe qu'il n'en est pas rendu pendant la nuit, mais pour être toujours en mesure de se mettre en défense.

PATROUILLES

Les patrouilles se font habituellement la nuit; il en est fait de jour lorsque les circonstances l'exigent. Elles parcourent l'intérieur de la place et le terrain militaire ; le commandant de place peut les envoyer jusqu'aux limites de la garnison.

Il en règle le nombre et la force, prescrit l'heure de leur départ, et fixe leur itinéraire, en le modifiant souvent.

Le major de place prescrit tous les

jours, en donnant le mot, les dispositions relatives aux patrouilles que les postes doivent faire pendant la nuit.

Les patrouilles sont commandées, suivant les circonstances, par un officier, un sous-officier ou un caporal. Pendant la nuit et quand l'objet qu'elles doivent remplir le fait juger nécessaire, elles peuvent être accompagnées par un agent de la police civile, qui marche à la droite du chef de patrouille.

DEVOIRS
DES CHEFS DE PATROUILLE

Les chefs de patrouille parcourent lentement, en bon ordre et en silence, le chemin qui leur a été tracé : ils ne peuvent s'en écarter que lorsqu'ils entendent du bruit dans les rues voisines ou aperçoivent un incendie.

Dans le premier cas, ils se conforment aux prescriptions faites par le présent règlement aux chefs des postes pour le maintien de l'ordre public ; dans le deuxième cas, ils se portent vers l'incendie pour maintenir l'ordre, après avoir fait avertir le poste le plus voisin. Ils se retirent quand les troupes de la garnison arrivent.

Les chefs de patrouille s'assurent de la vigilance des sentinelles : s'ils en trouvent en défaut, ils en préviennent le chef du poste auquel elles appartiennent.

A leur retour, ils rendent compte au chef de leur poste, qui fait entrer leur rapport dans celui qu'il adresse au commandant de place.

Les rapports sur les événements de quelque importance sont transmis de suite par tout subordonné à son chef direct.

MANIÈRE
DE RECONNAITRE LES PATROUILLES

Lorsque la sentinelle placée devant les armes aperçoit une troupe armée, elle apprête son arme et crie : *Qui vive ?* et lorsqu'il lui a été répondu : *Patrouille*, elle crie : *Halte-là ? caporal, patrouille.* En temps de guerre, il faut crier : *Halte-là ? qui vive ?*

Un des caporaux de garde sort accompagné de deux hommes armés et d'un troisième portant un falot; il s'avance à quinze pas, laissant à quatre pas derrière lui son escorte, à laquelle il fait apprêter les armes. Il crie : *Qui vive ?* La patrouille ayant répondu, il crie : *Avance à l'ordre*, et croise la baïonnette.

Le chef de patrouille s'avance seul, les hommes qui l'accompagnent restant à l'endroit où ils ont été arrêtés par la sentinelle ; il donne le mot d'ordre au caporal, qui lui rend le mot de ralliement, et qui se met en bataille avec son escorte pour le laisser passer ; la sentinelle porte les armes.

Le caporal, et les hommes qui doivent l'accompagner pour la reconnaissance des patrouilles et des rondes, sont désignés à l'avance et se tiennent toujours prêts.

Si le mot d'ordre n'est pas celui qui a été donné, que doit faire le caporal ?

Le caporal appelle la garde et conduit le chef de patrouille au commandant du poste. Celui-ci l'examine, et s'il lui paraît suspect, il le fait arrêter, ainsi que les hommes qui l'acompagnent. Il en fait prévenir immédiatement le commandant de place.

Si la patrouille ne s'arrêtait pas au cri : *Halte-là !* la sentinelle le renouvellerait une seconde fois, et si la patrouille continuait à s'approcher, elle crierait : *Aux armes !* et croiserait la baïonnette ; le poste sortirait et se mettrait en défense.

Les sentinelles qui ne sont pas devant les armes arrêtent également les patrouilles par le cri : *Qui vive ?* après avoir apprêté l'arme. La réponse reçue, elles crient : *Halte-là ! avance au ral-*

liement, et croisent en même temps la baïonnette. Elles reçoivent le mot de ralliement du chef de la patrouille, qui doit s'avancer seul, et ne le lui donnent jamais.

Le chef de la patrouille entre seul au poste pour apposer sa signature sur la feuille de rapport. Il y indique l'heure de son passage au corps de garde et le nom du poste auquel il appartient.

RENCONTRE DE DEUX PATROUILLES

Lorsque deux patrouilles se rencontrent, celle qui la première aperçoit l'autre, crie : *Qui vive?* et s'arrête ; l'autre répond : *Patrouille*, et s'arrête aussi ; la première crie : *Avance à l'ordre* ; les chefs des deux patrouilles s'avancent seuls l'un vers l'autre; celui qui a crié le premier : *Qui vive ?* reçoit de l'autre le mot d'ordre, quel que soit son grade, et lui donne le mot de ralliement.

Les patrouilles se remettent en marche, et en passant l'une auprès de l'autre, elles portent les armes.

TROUPE ARMÉE PASSANT LA NUIT
A PORTÉE D'UN POSTE

Lorsque, pendant la nuit, une troupe

passe à portée d'un poste, la sentinelle lui crie : *Qui vive ?* Le chef de la troupe répond en faisant connaître le corps auquel il appartient ; la sentinelle crie: *Halte-là ! aux armes, troupe.*

Le chef du poste fait prendre les armes à la garde et envoie un caporal et deux hommes pour reconnaître la troupe ; le caporal fait avancer à l'ordre, en se conformant, pour le placement de son escorte, aux dispositions prescrites pour reconnaître une patrouille, et lorsque le chef de la troupe lui a donné le mot, il le conduit au chef du poste qui l'examine. La troupe et la garde ont les armes portées.

Les sentinelles qui ne sont pas devant les armes arrêtent de même toute troupe passant à portée d'elles et font avancer son chef au ralliement.

PARLEMENTAIRES

Le chef du poste ne laisse approcher un parlementaire venant de l'ennemi qu'après avoir pris les ordres du commandant de place ; si le parlementaire est chargé d'une mission verbale, on lui bande les yeux et on le conduit au corps de garde de l'avancée ; le commandant de place envoie le major ou un adjudant de place pour s'aboucher avec lui; s'il est indispensable que le parlementaire confère avec le commandant de place, il est, avec l'autorisation de ce dernier, conduit près de lui, les yeux bandés. Il est ensuite reconduit aux avant-postes avec les mêmes précautions.

DÉSERTEURS

Lorsque des déserteurs venant de l'ennemi demandent à entrer dans la place, le chef de poste avancé les fait désarmer et accompagner chez le commandant de place; s'ils sont en grand nombre, il ne les fait entrer que par petits détachements.

VOITURES

S'il se présente aux portes des voitures couvertes, le chef de poste les fait visiter par le portier-consigne en présence d'un caporal et de deux hommes.

BARAQUEMENTS

Pour donner au camp d'infanterie moins de profondeur, le grand côté des baraques, lorsqu'elles sont pour huit hommes, est placé parallèlement au front de bandière; leur ouverture est sur la grande rue. La distance entre chaque rang est alors de trois pas.

Les chevalets pour les armes sont à quinze pas en avant du premier rang de baraques. Chaque compagnie a deux chevalets placés devant son centre; l'intervalle qui sépare ces chevalets varie selon l'étendue du front.

Le drapeau est placé sur la même ligne que les chevalets.

Les cuisines sont à vingt pas en arrière du dernier rang de baraques. Les baraques du petit état-major et et des cantiniers sont à vingt pas en arrière des cuisines; celles des officiers de compagnie à vingt pas plus en arrière, enfin les baraques de l'état-major, à vingt pas en arrière de celles des officiers de compagnie.

Les officiers d'une même compagnie campent derrière le centre de cette compagnie, le capitaine à droite, le lieutenant et le sous-lieutenant dans une même baraque à gauche.

Tout chef de bataillon campe ordinairement derrière le quatrième peloton de son bataillon; l'adjudant-major campe derrière le second peloton, et le chirurgien derrière le septième.

HONNEURS
A RENDRE PAR LES TROUPES

SAINT-SACREMENT

Lorsque le Saint-Sacrement passe devant une troupe en armes, elle fait halte, si elle est en marche, et se forme en bataille. Les hommes dans le rang présentent les armes, mettent le genou droit à terre et portent la main droite à la coiffure. Les tambours et clairons battent et sonnent aux champs.

RENCONTRE
DE DEUX TROUPES EN ARMES

Lorsque deux troupes en armes se rencontrent elles portent les armes ; les tambours battent aux champs *à la cadence du pas accéléré*, les clairons sonnent la marche.

Cet échange d'honneurs se fait sans arrêter et les deux troupes ne doivent pas s'attendre pour les rendre.

Elles prennent chacune leur droite ; en cas d'encombrement, les troupes à cheval se rangent et laissent passer les troupes à pied.

Lorsqu'une troupe en armes passe

devant un poste, elle doit rendre les honneurs la première.

HONNEURS À RENDRE
PAR LES SENTINELLES, PLANTONS,

Les sentinelles, pour rendre les honneurs, s'arrêtent et font face en tête; dès que le corps ou la personne à qui ils sont dus est arrivée à cinq pas d'elles, elles restent dans cette position jusqu'à ce qu'elles aient été dépassées de cinq pas.

Elles présentent les armes :

Au Saint-Sacrement,

Aux ministres,

Aux Députés du Corps législatif,

Aux Maréchaux et Amiraux.

Elles portent les armes :

Aux officiers et chevaliers de la Légion d'honneur, porteurs de la croix.

Aux capitaines, lieutenants et sous-lieutenants,

Aux lieutenants et enseignes de vaisseau et aux aspirants de 1re classe de la marine,

Aux adjoints, à l'intendance militaire,

Aux sous-ingénieurs de la marine (constructions navales et hydrographie),

Aux ingénieurs des travaux hydrauliques de la marine,

Aux sous-commissaires et aides-commissaires de la marine,

Aux médecins, pharmaciens-majors et aides-majors de l'armée,

Aux chirurgiens et pharmaciens de 1re et de 2e classe de la marine,

Aux officiers d'administration de l'armée,

Aux agents principaux des directions des travaux et des services administratifs de la marine,

Aux vétérinaires de l'armée,

Aux aumôniers de l'armée et de la marine,

Aux interprètes principaux.

Les sentinelles gardent l'immobilité, la main dans le rang, l'arme au bras ou l'arme au pied :

Pour les officiers de tout grade en tenue du matin (armée de terre),

les officiers de tout grade sans épaulettes ou broderies (armée de mer),

les adjudants d'administration,

les aides-vétérinaires,

les chefs de musique,

les interprètes,

les gardes et autres employés de l'artillerie, du génie et des équipages,

les aspirants de 2e classe de la marine.

Pour les sous-officiers des armées de terre et de mer,
les caporaux,
les quartiers-maîtres de la marine,
les soldats ou marins,
} Décorés de la médaill^e militair^e

En passant près des officiers de tout grade, les sous-officiers, caporaux et soldats isolés, portent l'arme dans le bras droit sans s'arrêter.

Les honneurs militaires ne se rendent que du lever au coucher du soleil.

PUNITIONS

Le garde national qui vend, détourne ou détruit volontairement les armes de guerre, les munitions ou les effets d'équipement qui lui ont été confiés, est traduit devant le tribunal de police correctionnelle, et puni de la peine portée en l'article 408 du Code pénal, sauf l'application de l'article 463 du même Code. (Emprisonnement de 6 jours au moins, 2 ans au plus, et amende, avec ou sans interdiction de certains droits civiques, civils ou de famille.)

Les hommes des compagnies de guerre sont soumis à la même discipline que l'armée.

ÉTAT DES 260 BATAILLONS

PAR ARRONDISSEMENT.

État-Major général : place Vendôme.
Commandant supérieur :

Général CLÉMENT THOMAS.

1er ARRONDISSEMENT, *place du Louvre.*
10 bataillons : 1—5—12—13—14—70—112
113—171—196.
2e ARRONDISSEMENT, *rue de la Banque.*
9 bataillons : 8—10—11—92—100—148
149—181—226—227—256 (Nord).
3e ARRONDISSEMENT, *square du Temple.*
9 bataillons : 54—55—86—87—88—89
144—145—205.
4e ARRONDISSEMENT, *place Beaudrecourt.*
11 bataillons : 22—53—94—95—96—150
162—182—183—212 - 254.
5e ARRONDISSEMENT, *place du Panthéon.*
11 bataillons : 21—59—60—98—118—119
151—160—161—163—248.
6e ARRONDISSEMENT, *place Saint-Sulpice.*
10 bataillons : 18—19—20—83—84—85
115—193—249.
7e ARRONDISSEMENT, *r. de Gren.-St.-Germ.*
6 bataillons : 15—16—17—105—106—187.
8e ARRONDISSEMENT, *rue d'Anjou.*
7 bataillons : 2—3—4—69—71—221—260.
9e ARRONDISSEMENT, *rue Drouot.*
8 bataillons : 6—7—116—117—216—228
229—(216 Gaz).
10e ARRONDISSEMENT, *fbg. St.-Martin.*

18 bataillons : 9—24—107—108—109—110
128 — 137 — 143 — 153 — 167
170.— 175 — 186 — 188 — 203
238—246—255 (Est).

11e ARRONDISSEMENT, *pl. du Pr.-Eugène.*
26 bataillons : 57 — 58 — 65 — 66 — 67 — 68
123 – 130 — 138 — 140 – 141
180 — 190 — 192 — 194 — 195
204 — 206 — 209 — 211 — 213
214—219—232—236—237.
Saint-Denis.

12e ARRONDISSEMENT, *pl. de la Nativité,*
Bercy.
16 bataillons : 48 — 49 — 50 — 51 — 52 — 56
73—93   99—121 — 122 — 126
198—199—200—(210).

13e ARRONDISSEMENT, *place d'Italie.*
12 bataillons : 42—44—97—101—102—120
133—134 —176—177—184 —185.

14e ARRONDISSEMENT, *place de Montrouge.*
8 bataillons : 46 — 103 — 104 — 136 — 146
202—217—243.

15e ARRONDISSEMENT, 260 *r. de Vaugirard.*
9 bataillons : 45—47— 81 —82 — 127 — 131
178 — 156—165.

16e ARRONDISSEMENT, *à Passy.*
3 bataillons : — 38 — 39 — 72

17e ARRONDISSEMENT, *r. des Batignolles.*
15 bataillons :— 33— 90 — 91 — 155 — 207
222— 34 — 35 — 36— 37 —132
223 — 244— 257— 259

18e ARRONDISSEMENT, *à Montmartre*
20 bataillons :— 32 — 61 — 64 — 77 — 78
79— 124— 125 — 129 — 142
152— 154— 158— 166— 168

169— 189 — 215 — 220— 225

19ᵉ ARRONDISSEMENT, *r. de Crimée (Butte-Chaumont)*.

15 bataillons :— 25 — 26— 28 — 29 — 114
147— 157— 164 — 179 — 191
197— 224 — 230— 231— 242

20ᵉ ARRONDISSEMENT, *r. de Paris-Belleville*

16 bataillons : — 27 — 30— 63 — 74 — 73
80 — 135— 159— 172— 179
174 — 201 — 208 — 281
234—240

FORMATION D'UNE COMPAGNIE

Il y aura par compagnie de garde nationale:

	NOMBRE TOTAL D'HOMMES		
	51 à 100	100à150	150 à 250
Capitaine en premier	1	1	1
Capitaine en second.	»	»	1
Lieutenants........	1	1	2
Sous-lieutenants	1	2	2
Sergent-major......	1	1	1
Sergent-fourrier ...	1	1	1
Sergents..........	4	6	8
Caporaux..........	8	12	16
Tambours	1	2	2

L'état-major du bataillon est composé ainsi qu'il suit : — Un chef de bataillon commandant, — un adjudant-major capitaine, un porte-drapeau sous-lieutenant, — un chirurgien aide-major, un adjudant sous officier, un tambour-maître. — Lorsque la force numérique d'un bataillon et le bien du service le rendront nécessaire, il pourra y avoir, d'après l'autorisation du général, un chef de bataillon en second et un deuxième adjudant sous-officier.

LÉGION DE CAVALERIE
de la Garde nationale sédentaire.
Quatre escadrons.
Etat-Major, place Vendôme, 22.

LÉGION DU GÉNIE
de la Garde nationale sédentaire.
Deux bataillons ; — six compagnies par bataillons.
État-Major, place Vendême, 22.

LÉGION D'ARTILLERIE
de la Garde nationale sédentaire.
Une légion composée de dix batteries.
Parc, square Notre-Dame.
État-Major, place Vendôme, 22.

VÉTÉRANS
de la Garde nationale sédentaire.
Un bataillon par arrondissement.
État-Major, place Vendôme, 22.

MINISTÈRE DE LA GUERRE

87, rue Saint-Dominique-Saint-Germain.

GOUVERNEUR DE PARIS

Au Louvre, rue Rivoli.

ÉTAT-MAJOR de la Garde nationale

22, place Vendôme.

ÉTAT-MAJOR de la Place de Paris

7, place Vendôme.

PRÉFECTURE DE POLICE

Quai des Orfèvres et Boulevard du Palais.

COMMANDANTS DE SECTEURS

PREMIER SECTEUR. — Bastions 1 à 11. — *De la Seine à la rue de Montreuil.*
Commandant du secteur, rue Michel-Birot, 26.

DEUXIÈME SECTEUR. — Bastions 12 à 24. — *De la rue de Montreuil à la route de Pantin.*
Commandant du secteur, rue Haxo, 79 à 85.

TROISIÈME SECTEUR. — Bastions 25 à 33 — *De la route de Pantin à la Grande-Rue de La Chapelle.*
Commandant du secteur, rue de l'Argonne, 17.

QUATRIÈME SECTEUR. — Bastions 34 à 45 — *De la Grande-Rue de La Chapelle à la route d'Asnières.*
Commandant du secteur, avenue de Saint-Ouen, 105.

CINQUIÈME SECTEUR. — Bastions 46 à 54 — *De la route d'Asnières à l'avenue Uhrich.*
Commandant du secteur, avenue Mac-Mahon, 74.

SIXIÈME SECTEUR. — Bastion 55 à 67 — *De l'avenue Uhrich à la Seine.*
Commandant du secteur, château de la Muette.

SEPTIÈME SECTEUR. — Bastions 68 à 76 — *De la Seine à la route de Vanves.*
Commandant du secteur, gare de Vaugirard (ceinture).

HUITIÈME SECTEUR. — Bastions 77 à 86 — *De la route de Vanves à la Bièvre.*
Commandant du secteur, avenue d'Orléans, 93.

NEUVIÈME SECTEUR. — Bastions 87 à 94 — *De la Bièvre à la Seine.*
Commandant du secteur, avenue d'Italie 92, état-major au numéro 75.

Les gardes nationaux sédentaires arrêtés doivent être conduits aux commandants de secteurs auxquels ils appartiennent et non à la place.

RÈGLES DE TIR

POUR LE FUSIL A TABATIÈRE

HAUSSES employées	DISTANCES	POINT A VISER
avec la hausse de 200 mètres	à 100 mètres.	Viser les pieds.
	à 150 —	—les genoux.
	à 200 —	—la ceinture.
	à 250 —	—la tête.
avec la hausse de 400 mètres	à 350 mètres.	Viser les jambes.
	à 400 —	—la ceinture.
	à 450 —	—la coiffure.
avec la hausse de 1000 mètres	à 600 mètres.	Viser la ceinture.

NOTA. — Il est indispensable que chaque garde se pénètre bien des distances sus-indiquées, car il n'est pas seulement utile de savoir charger son fusil, il faut aussi, en présence de l'ennemi, bien viser et surtout savoir ce qu'on doit viser. Il faut donc habituer l'œil à juger la distance.

OBSERVATIONS SUR LE TIR

Avec la rapidité donnée aujourd'hui au tir de l'infanterie, la réglementation du tir est devenue une question d'un intérêt capital.

Le garde, en vue de l'ennemi, se laisse facilement entraîner à ouvrir le feu; et le feu commencé ne s'arrête que difficilement; abandonné à lui-même, un homme, dans le rang ou en tirailleur, peut en quelques minutes brûler toutes ses cartouches, sans autre résultat qu'une consommation inutile de munitions qu'il n'est pas toujours possible de renouveler pendant l'action.

La facilité du chargement et du tir, moyen de succès si puissant dans la main du chef qui sait la mettre à profit au moment convenable, constituerait ainsi un danger, si le feu n'était pas convenablement réglé.

L'essentiel n'est pas de tirer beaucoup mais de tirer bien; les résultats se mesurent à l'habileté et au sang-froid des tireurs plus qu'à leur nombre.

Les tirailleurs doivent donc ménager leur feu; livrés à leur propre impulsion, ils doivent s'attacher à se faire une appréciation exacte des distances, à ne tirer que sur un but bien défini et à portée.

En ligne, les tirs de bataillon et de peloton, exécutés au commandement, doivent aujourd'hui être employés de préférence au feu libre ou de deux rangs.

Les chefs de bataillon, les officiers de peloton, doivent user de leur ascendant sur leur troupe pour la maintenir calme sous le feu de l'ennemi, qualité qui constitue le soldat éprouvé et dont actuellement, plus que jamais, il y aurait péril à s'écarter.

Mobilisation de la garde nationale

Art. 1er. — Il est formé dans chaque bataillon de la garde nationale sédentaire une compagnie de gardes nationaux mobiles.

Art. 2. — Cette compagnie se composera de 150 hommes recrutés parmi les gardes nationaux du bataillon, par voie d'inscription volontaire. — Un registre est ouvert dans chaque mairie d'arrondissement pour recevoir les inscriptions.

Art. 3. — Si la liste des inscriptions volontaires dépasse le chiffre de 150, les hommes âgés de moins de 35 ans, célibataires, d'une constitution vigoureuse, ayant porté les armes ou acquis la pratique des exercices militaires, seront choisis de préférence. — Le conseil de famille de chaque bataillon sera chargé de faire ces désignations.

Art. 4. — Les officiers, les cadres des sous-officiers et caporaux seront nommés à l'élection par chaque compagnie.

Art. 5. — Le général commandant supérieur de la garde nationale pourra, si les besoins du service l'exigent, former dans certains bataillons deux ou plusieurs compagnies de gardes nationaux mobiles.

Art. 6. — Les gardes nationaux mobilisés seront armés de fusils à tir rapide. A cet effet, un échange d'armes à l'amiable sera opéré par les soins des maires d'arrondissement

Art. 7. — L'uniforme est obligatoire pour les gardes nationaux des compagnies mobilisées.— Chaque garde sera pourvu, en outre, d'un havre-sac, d'une giberne ou cartouchière, d'une demi-couverture en laine, du matériel d'une tente-abri. — Chaque escouade sera munie des divers ustensiles de campement en usage dans les corps d'infanterie. — L'équipement et les effets de campement seront fournis par la ville de Paris aux gardes nationaux qui seront hors d'état d'en faire les frais.

Art. 8. — Quatre compagnies, réunies sous le commandement d'un chef de bataillon, formeront un bataillon de guerre. Les bataillons de guerre seront exclusivement placés sous les ordres des généraux commandant les divisions actives de l'armée. — Les officiers des quatre compagnies de guerre, formant un bataillon de guerre, éliront leur chef de bataillon.

Art. 9. — Les bataillons de guerre de la garde nationale appelés à concourir à des opérations extérieures avec l'armée régulière et la garde mobile, seront soumis aux lois et règlements militaires.

Art. 10. — Du jour où les bataillons de guerre auront quitté l'enceinte, les officiers et les gardes seront assimilés, pour la solde et les prestations, aux officiers et gardes appartenant à la garde nationale mobile. (Décret du 16 octobre 1870.)

Le Gouvernement de la défense nationale,

Pour satisfaire, par des dispositions nouvelles, aux nécessités des opérations militaires et répondre aux vœux unanimement exprimés par la garde nationale,

DÉCRÈTE :

ART. 1er. Chaque bataillon de la garde nationale sera composé, suivant son effectif, de huit à dix compagnies.

ART. 2. Les quatre premières compagnies, dites *compagnies de guerre*, auront chacune un effectif de 100 hommes, cadre compris, dans les bataillons dont l'effectif est de 1,200 hommes et au-dessous, et de 125 hommes, cadre compris, dans les bataillons ayant de plus de 1,200 hommes.

Ces compagnies seront fournies par les hommes valides des catégories ci-dessous, en suivant l'ordre des catégories et en ne prenant dans l'une d'elles que lorsque la catégorie précédente aura été épuisée :

1º Volontaires de tout âge ;

2º Célibataires ou veufs sans enfants de 20 à 35 ans ;

3º Célibataires ou veufs sans enfants de 35 à 45 ans ;

4º Hommes mariés ou pères de famille de 20 à 35 ans ;

5º Hommes mariés ou pères de famille de 35 à 45 ans.

Art. 3. Les autres compagnies destinées au service de la défense ayant autant que possible un effectif uniforme, comprendront le reste du bataillon. Elles constitueront le dépôt et fourniront les hommes nécessaires pour combler les vides faits dans les compagnies de guerre.

Art. 4. Chacun des bataillons armés de fusils à tir rapide conservera un nombre de ses fusils égal à son effectif de guerre, et il en tiendra l'excédant à la disposition du commandant supérieur de la garde nationale qui lui fera remettre en échange des fusils à percussion.

Art. 5. Chacun des bataillons pourvus d'armes à percussion recevra un nombre de fusils à tir rapide égal à son effectif de guerre. et il remettra, sur l'ordre du commandant supérieur de la garde nationale, l'équivalent en fusils à percussion, pour remplacer les armes à tir rapide délivrées par d'autres bataillons.

Art. 6. Dans chaque bataillon, chacune des quatre compagnies de guerre nommera son cadre, soit dans les cadres existants du bataillon, soit parmi les gardes qui la composent.

L'effectif de ce cadre sera de :

Un capitaine, un lieutenant, un sous-lieutenant, un sergent-major, quatre sergents, huit caporaux, un tambour et un clairon.

Art. 7. Lorsque les quatre compagnies de guerre recevront l'ordre de participer aux opérations militaires, le commandant sera pris par le chef de bataillon ou, à son défaut, par le plus âgé des capitaines de ces compagnies.

Art. 8. Chaque chef de bataillon devra avoir remis à l'état-major général, avant le 11 novembre au soir :

1º L'état du personnel de ces quatre compagnies de guerre ;

2º Les procès-verbaux d'élections des cadres de ces compagnies ;

3º Le tableau exact de l'armement de son bataillon.

Art. 9. Tout garde national qui se sera soustrait à l'exécution du présent décret sera considéré comme réfractaire et poursuivi comme tel.

Art. 10. L'arrêté du 25 octobre 1870 sur la solde des bataillons de volontaires est applicable aux compagnies de guerre qui font l'objet du présent décret.

Art. 11. Les dispositions du décret du 16 octobre 1860 et de l'arrêté du 19 octobre 1870 sont rapportées en çe qu'elles ont de contraire au présent décret.

Fait à Paris, le 8 novembre 1870.

Arrêté du général commandant sur la mobilisation de la garde nationale

Art. 1er. — Une liste sera ouverte dans chaque bataillon, pour recevoir les inscriptions des gardes nationaux qui demandent à faire partie des compagnies de volontaires.

Art. 2. — Chaque bataillon est autorisé à former une compagnie de volontaires dont l'effectif ne pourra dépasser le chiffre de 150 hommes, l'obligation de fournir une compagnie de volontaires n'étant d'ailleurs imposée à aucun bataillon.

Art. 3. — Pourront proposer plusieurs compagnies de volontaires les bataillons qui, avec leurs seules ressources en armement, ou par des échanges d'armes de bataillon à bataillon, opérés comme il sera prescrit ci-dessous, seront en mesure d'armer plus d'une compagnie de fusils à tir rapide ; les compagnies de carabiniers et autres déjà formées dans le but spécial de faire des sorties, pourront trouver place dans l'organisation nouvelle, à la condition que les officiers, sous-officiers et gardes qui les composent se conformeront aux règles du présent arrêté, et au principe de l'inscription individuelle et volontaire.

Art. 4. — L'acceptation des volontaires inscrits sera faite par les soins de conseils, dits conseils de famille de bataillon, qui seront immédiatement constitués.

Art. 5. — Le conseil de famille de bataillon est composé du commandant du bataillon, président, des capitaines commandants et d'un délégué par compagnie élu par les officiers, sous-officiers et gardes de la compagnie.

Art. 6. — Le choix des conseils de famille de bataillon portera de préférence sur les hommes âgés de moins de trente-cinq ans, célibataires, d'une constitution vigoureuse, ayant porté les armes ou acquis la pratique des exercices militaires.

Art. 7. — Lorsque la liste nominative des volontaires, divisée par compagnies, aura été établie, elle sera remise au maire de l'arrondissement pour servir de base, avec celles des autres bataillons, à un travail d'acceptation définitive. Cette acceptation dépendra des ressources en fusils à tir rapide de l'arrondissement, et des moyens d'échange de bataillon à bataillon, auxquels pourra recourir le comité d'arrondissement.

Art. 8. — Le comité d'arrondissement se compose du maire, président, et des commandants de bataillon de l'arrondissement.

Art. 9. — Le comité d'arrondissement arrêtera définitivement la liste des compagnies de volontaires fournies par l'arrondissement, et dont l'organisation est soumise aux conditions suivantes : 1º les compagnies de volontaires devront être uniformément armées de fusils se chargeant par la culasse ; 2º tous les hommes qui en font partie seront pourvus de l'uniforme et de l'équipement complet, à leur charge ou à la charge de la ville, cartouchière, fourreau de baïonnette, havre-sac, tente-abri, demi-couverture, ustensiles de campement.

Art. 10. — Au fur et à mesure que les compagnies de volontaires seront formées et armées, le comité d'arrondissement fera procéder aux élections des officiers et caporaux, conformément aux prescriptions de la loi du 13 juin 1851.

Art. 11. — Le comité d'arrondissement réunira les compagnies par groupes de quatre, pour former des bataillons de volontaires. Aussitôt qu'un bataillon aura été formé de cette manière, le comité fera procéder à l'élection du chef de bataillon, aux élections et nominations des grand et petit états-majors, conformément aux prescriptions de la loi du 13 juin 1851.

Art. 12.— Les officiers et caporaux des compagnies de volontaires devront être élus parmi les officiers, sous-officiers et gardes des bataillons qui les auront respectivement formées. Les commandants des bataillons de volontaires seront élus parmi les citoyens appartenant à la garde nationale. Les titulaires de tout grade ou emploi qui entreront à un titre quelconque dans les bataillons de volontaires seront immédiatement remplacés dans leurs anciens bataillons.

Art. 13. — Aussitôt qu'un commandant

de bataillon aura été élu, il remettra au commandant supérieur le procès-verbal de son élection, et les procès-verbaux des élections des officiers, sous-officiers et caporaux. La remise de ces titres et leur dépôt aux archives de l'état-major constitueront définitivement le bataillon. Le commandant supérieur lui donnera un numéro suivi de la désignation : Bataillon de volontaires.

Art. 14. — Les officiers généraux commandants auront sous leur commandement les bataillons de volontaires formés dans leurs secteurs respectifs. Ils sont chargés d'en activer la formation, d'en passer des revues, et de s'assurer que les cadres sont complets, ainsi que l'armement et l'équipement. Les commandants de secteur régleront le service de rempart des bataillons de volontaires dans les intervalles des opérations extérieures, et les conduiront à l'ennemi quand il y aura lieu.

LOIS INTÉRIMAIRES

—

Indemnité de 1 fr. 50.

Les gardes nationaux réunis à Paris pendant le siège pourront concourir à la défense de la ville, et qui n'ont d'autres ressources que leur travail, recevront, quand ils en feront la demande, une indemnité de un franc cinquante centimes par jour. — Cette indemnité leur tiendra lieu de toutes les prestations en nature qui leur étaient attribuées par l'arrêté du 11 septembre 1870 (bons de vivres). — Les maires des arrondissements de Paris seront chargés de payer l'indemnité dont il s'agit sur états fournis par les capitaines des compagnies, contrôlés par les chefs de bataillon, visés par les officiers généraux commandant les sections de la défense. — Il en sera référé au général commandant en chef de la garde nationale de Paris pour les détails d'exécution. (Décret du 12 septembre 1870.)

Conseils de guerre dits de la garde nationale

Art. 1er. — Pendant la durée du siége, les crimes et délits commis par les gardes nationaux sont jugés par des conseils de guerre dits *de la garde nationale*. Ces tribunaux appliquent les peines édictées par le code de justice militaire aux crimes et délits commis dans le service, et la loi commune aux crimes et délits commis en dehors du service.

Art. 2. Il est institué un conseil de guerre permanent dans chaque secteur et un conseil de révision pour l'ensemble de la garde nationale réunie dans Paris.

Art. 3. Les conseils de guerre sont composés de la manière suivante, selon le grade de l'inculpé : — Pour juger un

sous-officier ou un garde : — Un chef de
bataillon, président ; deux capitaines,
deux lieutenants ou sous-lieutenants,
deux sous-officiers. — Pour juger un
sous-lieutenant : —Un chef de bataillon,
président ; deux capitaines, deux lieutenants, deux sous-lieutenants. — Pour juger un lieutenant : —Un chef de bataillon
président ; trois capitaines, trois lieutenants. — Pour juger un capitaine : — Un
chef de bataillon, président ; deux chefs
de bataillon, quatre capitaines. — Pour
juger un chef de bataillon : — Un commandant de secteur, président ; six chefs
de bataillon. — A chaque conseil de
guerre sont attachés : un commissaire
de la République remplissant l'office de
ministère public, un capitaine rapporteur, un capitaine rapporteur adjoint et
un greffier, assisté au besoin d'un greffier
adjoint.

Art. 4. Le conseil de révision se compose d'un président et de quatre juges ;
un commissaire du gouvernement et un
greffier lui sont attachés.

Art. 5. Dans chaque secteur, les chefs
de bataillon réunis élisent six d'entre
eux, parmi lesquels le commandant du
secteur désigne, par la voie du sort, le
président, et quand il y a lieu, les juges
du conseil de guerre. — Dans chaque bataillon, les officiers de même grade élisent
un d'entre eux. Il en est de même des
sous-officiers inscrits sur ces listes.

Art. 6. Les commissaires du gouvernement, les capitaines rapporteurs et les greffiers sont nommés par le commandant supérieur de la garde nationale.

Art. 7. Le président et les juges du conseil de révision, le commissaire de la République attaché à ce conseil sont nommés par le conseil de l'ordre des avocats près la cour d'appel de Paris. — Le greffier est nommé par le commandant supérieur.

Art. 8. Les plaintes en conseil de guerre sont adressées par les chefs de bataillon aux commandants de secteur, qui saisissent, s'il y a lieu, les conseils de guerre.— Le gouverneur de Paris, le commandant supérieur des gardes nationales sédentaires et les commandants de secteur peuvent déférer directement un crime ou délit au conseil de guerre.

Art. 9. Outre les peines prononcées par les conseils de guerre, des peines disciplinaires peuvent être infligées par les supérieurs à leurs inférieurs, suivant les différents degrés de la hiérarchie militaire. — Ces peines sont : — La révocation de l'officier ou la cassation du sous-officier, le désarmement et la radiation du garde national ; — La prison pour les officiers, sous-officiers et gardes ; — Les arrêts pour les officiers.—Le gouverneur de Paris peut seul prononcer la révocation d'un officier, sur l'avis du commandant supérieur. — Le commandant supérieur prononce la cassation d'un sous-officier, sur la proposition du commandant de secteur. — Le chef de bataillon prononce le désarmement et la radiation d'un garde. — Le commandant supérieur prononce au maximum la peine de quinze jours de prison pour les officiers, d'un mois pour les sous-officiers ou gardes. — Le commandant de secteur prononce, dans les mêmes conditions, la peine de quinze jours et huit jours de prison. — Le chef de bataillon inflige quatre jours de prison; les capitaines deux jours, mais aux sous-officiers ou gardes seulement. — Les arrêts sont infligés aux officiers de tout grade par leurs supérieurs, jusqu'au maximum de huit jours. — Les arrêts forcés, avec remise du sabre et factionnaire à la porte du domicile sont infligés jusqu'au maximum de huit jours par le commandant supérieur, les commandants de secteur et les chefs de bataillon.

Art. 10. Pendant la durée du siége, les conseils de discipline créés par la loi du 13 juin 1851 cesseront de fonctionner. (Décret du 27 septembre 1870.)

Suite des conseils de guerre de la garde nationale

Art. 1er. Seront réputés commis dans le service, les crimes et délits qui seront commis par tout garde nationale, pendant la durée du service spécial, tels que faction, patrouille, sortie, reconnaissance, engagement avec l'ennemi, manœuvre, exercice, service dans l'intérieur d'un poste.

Art. 2. Pour la composition du conseil de guerre, le colonel de la légion à cheval de la garde nationale est assimilé aux chefs de bataillon de la garde nationale à pied.

Art. 3. Les capitaines, lieutenants, sous-lieutenants et sous-officiers devant composer le conseil de guerre de chaque secteur sont désignés par la voie du sort dans la forme prescrite par l'art. 5 du décret du 27 septembre 1870, pour les chefs de bataillon. En cas d'empêchement d'un juge ainsi nommé, un juge suppléant du même grade est désigné par la même voie. En cas d'empêchement du commissaire de la République, le commandant supérieur peut nommer un commissaire suppléant.

Art. 4. Les conseils de guerre de la garde nationale pourront, dans tous les cas qui seront soumis à leur juridiction, déclarer l'existence de circonstances atténuantes.

Art. 5. Lorsque le conseil de guerre aura reconnu l'existence de circonstances atténuantes en faveur de l'accusé ou du prévenu, il pourra abaisser la peine de un ou plusieurs degrés, et même ne prononcer qu'une ou plusieurs des peines édictées par l'article 186 du Code de justice militaire en matière de délits, sans que la peine de l'amende puisse jamais être prononcée seule quand il s'agit d'un crime.

Art. 6. L'effet des circonstances atténuantes, en matière de crimes et de délits de droit commun, continue à être régi par l'art. 463 du Code pénal.

Art. 7. La peine de la destitution prononcée en matière de délits pour les officiers, en vertu de l'art. 180, emporte l'interdiction de figurer sur les contrôles de la garde nationale.

Art. 8. Tout jugement portant condamnation pour crime est affiché, par extrait, à la porte des mairies de chacun des vingt arrondissements de Paris, et tout jugement portant condamnation pour délits peut être affiché par extrait à la porte de la mairie de l'arrondissement du condamné, si le conseil de guerre l'ordonne.

Art. 9. Les décisions des conseils de révisions pourront être attaqués par voie de recours en cassation, pour cause d'incompétence ou d'excès de pouvoirs. La chambre criminelle de la Cour de cassation statuera dans le plus bref délai, toutes affaires cessantes. (Décret du 12 octobre 1870.)

CONSEILS SANITAIRES
aux gardes nationaux

Veiller sur la santé et le bien-être du garde national, le mettre en garde contre les tentations mauvaises, c'est faire œuvre de *fraternité* et remplacer la famille absente. C'est un honneur et en même temps un devoir pour les chefs de corps de maintenir en activité le plus grand nombre possible d'hommes valides pour le combat.

Dans les grandes guerres, il y a plus de *malades* que de blessés, plus de morts par les maladies que par le feu de l'ennemi. Sur 100 décès il y en 75 par les maladies, 25 seulement par le feu.

Les meilleurs préservatifs sont la SO-BRIÉTÉ et la PROPRETÉ.

Sobriété

L'abus des liqueurs est *tellement dan-gereux* que, pour détruire efficacement le mal, le général Grant, aux États-Unis, en prohiba ABSOLUMENT L'USAGE dans les camps et même dans les *mess* d'officiers.

Il est certain, de trop nombreux exemples le prouvent, qu'une semblable mesure est aussi URGENTE pour nous, et elle aurait, si elle était strictement observée, les mêmes résultats qu'en Amérique.

L'usage des liqueurs est FUNESTE, à *jeun*

surtout. Elles produisent le *tremblement*, *l'abrutissement* et de NOMBREUX CAS DE FOLIE. — L'ABSINTHE, plus redoutable encore, cause souvent le HAUT MAL..

Quand l'alimentation est insuffisante, c'est une grave erreur de croire qu'on peut longtemps remplacer les aliments par les liqueurs fortes; leur abus détermine des dérangements de corps, et même de la dyssenterie.

Elles sont presque toujours frelatées et *produisent rapidement l'ivresse* : OR, EN CAMPAGNE, EN FACE DE L'ENNEMI, L'IVRESSE EST UN CRIME ET UNE LACHETÉ.

Après une faction par le froid et la pluie après une nuit de garde : une *soupe chaude*, du *café* ou du *thé chauds* et *sucrés*, auxquels on peut ajouter une TRÈS FAIBLE proportion d'eau-de-vie ou de rhum, sont les meilleures boissons.

Les chefs de corps soucieux de la discipline et de la santé de leurs gardes, feront exercer une *surveillance sévère* sur le personnel des CANTINIERS.

Ils ont le droit et le devoir de faire vérifier la qualité des produits vendus dans les cantines.

Aliments

Quand on fait usage de salaisons, les faire tremper pendant plusieurs heures dans de l'eau froide d'abord, puis chaude, changer cette dernière pour les faire cuire.

Pour éviter le scorbut, y joindre des

légumes frais si c'est possible, cuits ou crus, surtout de la salade. — Laver la bouche à grande eau à la fin du repas.

Dans les marches à la pluie, protéger le pain en l'enveloppant dans un morceau d'étoffe imperméable.

Quand, à défaut de pain, on mange du biscuit, il faut le ramollir en le trempant dans un liquide : *eau*, *bouillon*, *vin*, *café*, etc.

On peut aussi le rafraîchir en l'exposant à un feu de braise.

Le biscuit mangé sec est difficilement digéré et cause des dérangements de corps.

Propreté

Chaque jour l'homme devrait se laver tout le corps avec de l'eau et du savon ; en campagne, les lavages généraux sont impossibles ; mais, en dehors des soins habituels de propreté, on devra se *laver les pieds* chaque jour, et surtout après les longues marches ; ces lavages *reposent beaucoup, et s'ils sont faits rapidement et avec de l'eau tiède ou froide ils fortifient la peau, loin de la ramollir.*

En campagne, surtout l'hiver, il est préférable de laisser pousser toute la barbe ; mais il faut la tenir proprement et la raccourcir avec des ciseaux ; tenir les cheveux courts.

L'usage du rasoir en commun peut causer des maladies de la peau contagieuses et rebelles.

Éviter de se servir, sans les avoir bien lavés et essuyés, du verre, du bidon, du couvert de ses camarades.

Vêtements

En campagne, l'hiver surtout, le soldat ne devrait porter que de la laine : *chemise, caleçon, chaussettes, flanelle.*

Quand on a été mouillé, le premier soin doit être de se sécher par tous les moyens possibles et de changer de chaussures.

Le linge de corps, toile ou laine, sera lavé souvent, une fois par semaine si c'est possible.

Avec la chaleur perdue des cuisines en plein air et des feux de bivouac, faire chauffer de l'eau pour les soins de propreté et le blanchissage.

Coucher

Au bivouac, un morceau de tissu enduit de caoutchouc de 1 mètre de large sur 1 mètre 80 de long, étendu par terre, rendrait de grands services en préservant absolument le corps de l'humidité du sol. L'homme enveloppé de sa couverture de laine s'étendrait sur ce drap qui, en marche, s'il pleuvait, servirait de manteau et protégerait l'homme, son fourniment et ses *vivres.*

Cette couverture en caoutchouc *a rendu* de grands services aux soldats américains qui en étaient tous pourvus ; *elle est considérée comme un des moyens qui ont le plus contribué à maintenir en bon état la santé des troupes,*

Pour faire de ce caoutchouc un manteau, il suffit d'ajouter près du bord d'un des côtés les plus longs une série d'œillets métalliques à 5 ou 6 centimètres de distance ; en passant un fort lacet ou une corde dans ces œillets on transforme ce drap en un manteau froncé imperméable.

Avec un couvre-képi à couvre-nuque et ce manteau, tout le haut du corps est complètement à l'abri de la pluie.

Au bivouac, en plein air, se couvrir la figure pendant le sommeil pour éviter les maux d'yeux.

En baraques, le lit de camp en planches, quoique plus dur, est préférable aux matelas au point de vue de la propreté ; les matelas deviennent vite durs et se remplissent de vermine.

A moins de pluies abondantes, les baraques seront largement ventilées pendant tout le jour en laissant portes et fenêtres ouvertes.

Se *défier* des femmes qui rôdent dans le voisinage des campements ; elles sont presque *toutes malades.*

COSTUMES DE L'ARMÉE PRUSSIENNE

Il y a des coupes de costume si diverses, l'initiative individuelle a donné suite à des formations de corps francs ayant chacun des uniformes si différents, qu'il pourrait arriver, qu'il est arrivé que nos soldats ont déchargé leurs armes sur des Français ; que des hommes qui défendent la même cause se sont mutuellement pris pour des ennemis.

Ainsi nos lanciers ont été attaqués par des paysans à Épinay ; on les prenait pour des uhlans. Ceci ne serait pas arrivé si on avait su que les uhlans ont une petite veste gris de fer à brandebourgs blancs, un pantalon de même couleur avec des passepoils rouges , un czapska et une lance sans drapeau.

Mais où la confusion est le plus possible, c'est dans l'infanterie. De loin, avec la portée des armes actuelles, on peut prendre des amis pour des ennemis, et réciproquement.

Nous allons indiquer le costume des fantassins prussiens en ayant soin de marquer les points principaux qui font que leurs costumes diffèrent de ceux de nos soldats.

La coiffure ressemble d'abord très peu à celle de l'armée française. Au lieu du shako, les Prussiens portent le casque de cuir bouilli verni, avec les ornements, les aigles en cuivre. Le casque de l'infanterie est surmonté d'une lance en cuivre, celui de l'artillerie d'une boule de même métal.

La garde royale a un casque recouvert d'une queue de cheval blanche ou noire, à crins tombants.

Le pantalon est uniforme pour toute l'armée, gris de fer avec passepoils écarlates.

La tunique de l'infanterie de ligne est bleu-de-roi, à un rang de boutons. Sur les épaules des pattes, variant de couleur comme le collet, blanc, jaune ou rouge, et portant divers numéros, selon le régiment.

Les chasseurs à pied portent une tunique de même sorte, mais vert foncé. Cès soldats ont en outre un shako à double visière, avec un pompon surmonté d'un numéro.

Le ceinturon des soldats prussiens porte deux gibernes.

Au camp, au lieu d'un képi, ils ont une espèce de tourte sans visière, de même couleur que la tunique.

Les officiers ont des épaulettes ou des contre-épaulettes, mais en Prusse seulement. En campagne, leur costume diffère peu de celui des soldats. On ne les reconnaît qu'à une petite écharpe d'argent nouée à la ceinture et à un petit sac de cuir verni qu'ils portent derrière le dos.

On reconnaît la landwehr à une petite croix blanche posée au-dessus des aigles de cuivre du casque.

Imprimerie Alcan-Lévy, rue Lafayette, 61.